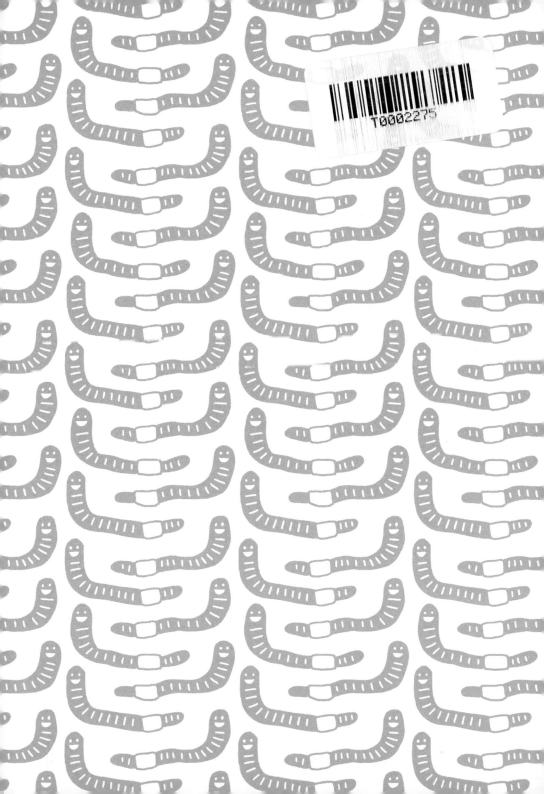

Para Marie,
mi gusanita de seda.

El gusano
Colección Animalejos

© del texto y de las ilustraciones: Elise Gravel, 2014
© de la edición: NubeOcho, 2021
© de la traducción: Salvador Figueirido, 2021
www.nubeocho.com · info@nubeocho.com

Adaptación de la caligrafía: Michi Cabrerizo

Título original: Le Ver

Primera edición: Octubre, 2021
ISBN: 978-84-18599-38-5
Depósito Legal: M-20525-2021

Publicado de acuerdo con Le courte échelle.

Impreso en Portugal.

Elise Gravel

EL GUSANO

Niñas y niños, vamos a conocer
a un animal muy especial:

EL GUSANO.

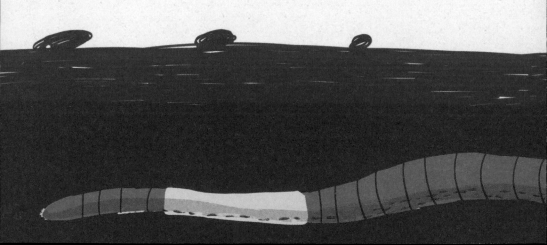

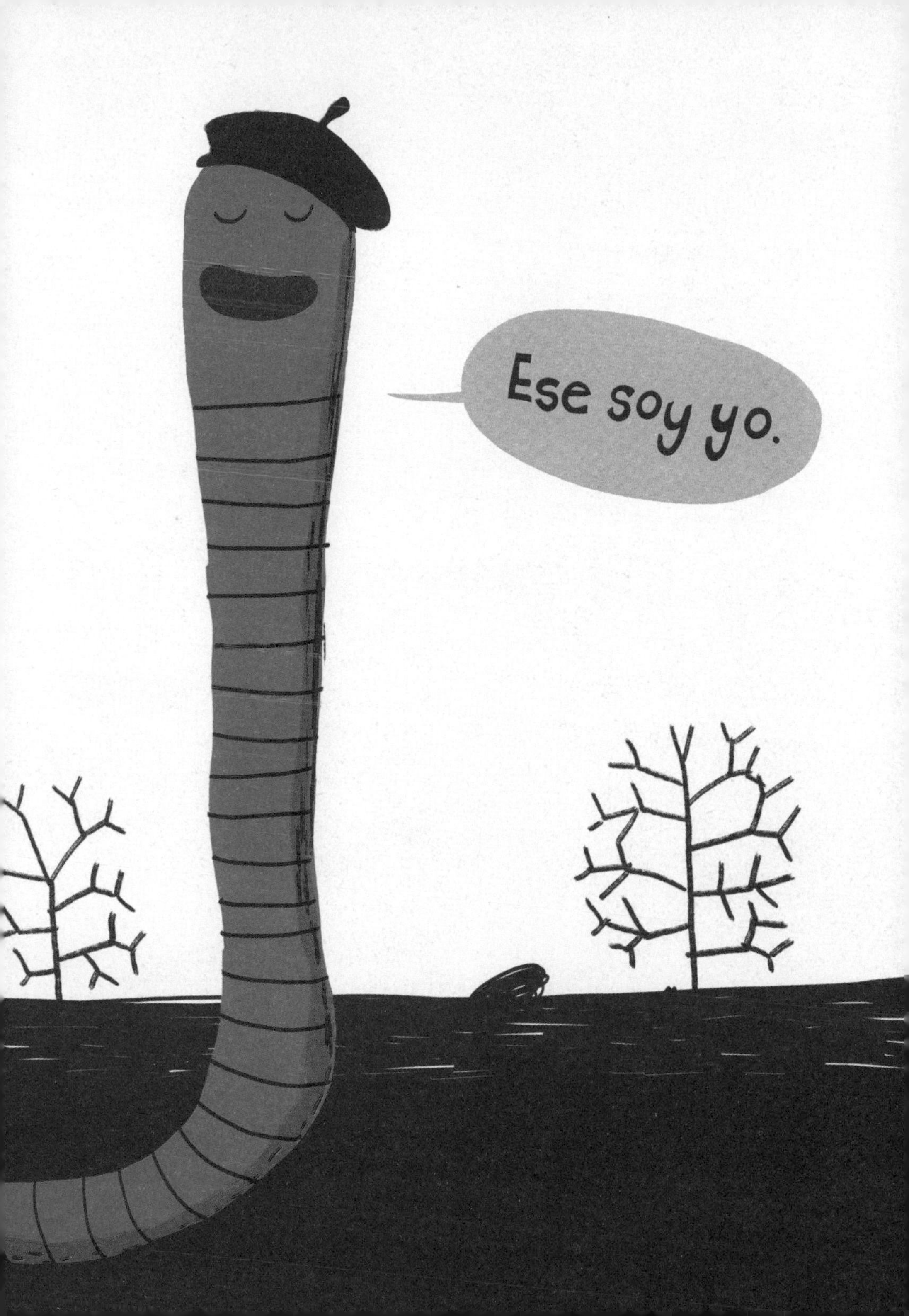
Ese soy yo.

Los gusanos tienen un cuerpo muy largo en forma de tubo. No tienen

ESQUELETO

ni columna vertebral. Son

INVERTEBRADOS.

Tampoco tienen patas.

Hay muchos

TIPOS

de gusanos.

ESTOS SON ALGUNOS:

LA
LOMBRIZ
DE TIERRA

¡Yo soy muy conocida!

LA TENIA

Tengo el cuerpo en forma de cinta.

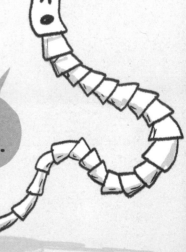

EL GUSANO PLANO

¡Aunque tengo patas yo también soy un gusano!

EL GUSANO BLANCO

LAS LARVAS

de algunos insectos también se consideran gusanos. Por ejemplo, la larva de la mosca.

Algunos gusanos son tan pequeños que para verlos hace falta un microscopio. Otros pueden llegar a medir hasta 35 metros, como los gusanos nemertinos que viven en ríos o en el mar.

Los gusanos pueden vivir en distintos

HÁBITATS.

Algunos viven en el mar. Otros prefieren las plantas en descomposición. Hay gusanos que viven dentro de animales ¡o dentro de humanos!

¿Me pasas la sal, por favor?

A estos se los
conoce como
parásitos.

El tipo de gusano más común es la

LOMBRIZ DE TIERRA.

Tiene un aparato digestivo

MUY LARGO

y en forma de tubo, rodeado de

MÚSCULO.

Ese músculo constituye al mismo tiempo
la piel de la lombriz. Es viscosa
y da un poco de asco.

¡OYE! ¡YO NO
DOY ASCO!

Los gusanos existen desde hace...

¡MILLONES DE AÑOS!

Los biólogos creen que evolucionaron al mismo tiempo que los

DINOSAURIOS.

Las lombrices de tierra no tienen

OJOS,

pero pueden percibir la luz
con sus células

FOTORRECEPTORAS:

unos sensores en su piel que
reaccionan a la luz.

Las lombrices de tierra se mueven

CONTRAYENDO

SUS MÚSCULOS.

Su cuerpo se encoge y se expande.

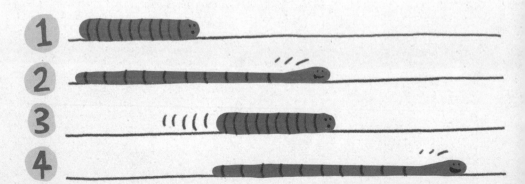

Las lombrices de tierra
se alimentan de plantas
en descomposición.

Excavan túneles, y así,
el aire y el agua circulan
mejor. Esto enriquece
la tierra.

Gracias, señora Lombriz.

De nada.

¡SON BUENAS para la NATURALEZA!

Muchos tipos de gusanos son hermafroditas. Esto significa que tienen órganos reproductores de

MACHO Y HEMBRA.

Aunque un mismo gusano tenga ambos
órganos reproductores, necesita
a otro gusano para poder reproducirse.

Las lombrices de tierra pueden parecer
DESAGRADABLES,
¡pero son muy buenas para la naturaleza!
Reciclan los residuos y preparan la tierra
para que crezcan plantas.

¡A los agricultores y a los jardineros
les encantan las lombrices!

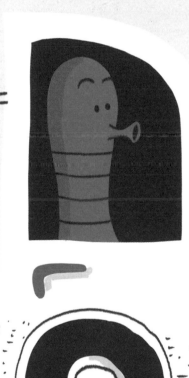

Los pescadores utilizan lombrices de tierra como cebo para los peces.

En algunas culturas, incluso se las comen.

Muchas personas piensan que son

DELICIOSAS.

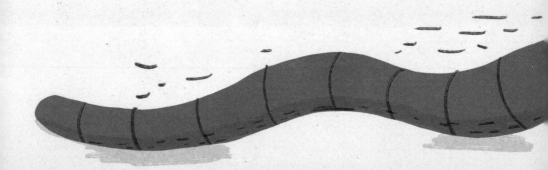

En definitiva, cuando te encuentres con un gusano, recuerda ser amable.
¡Los gusanos pueden ser

TUS AMIGOS!

¿Quieres jugar conmigo?

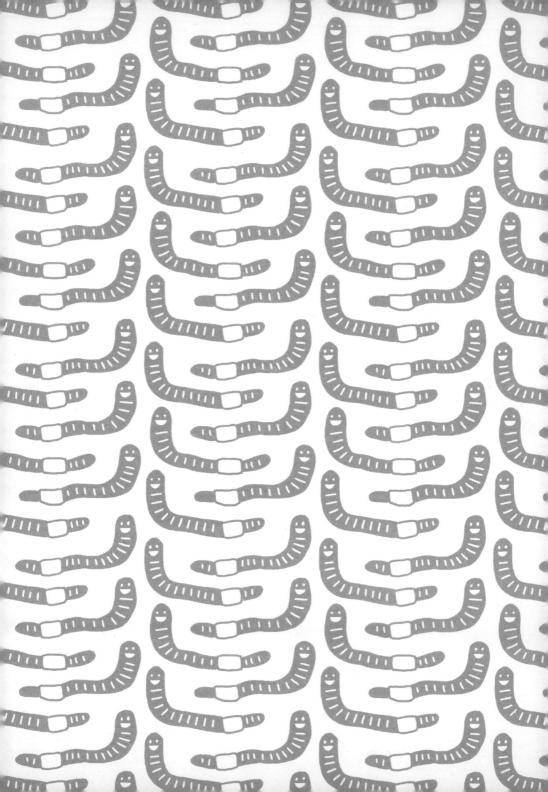